Männer-Witze

(für Frauen)

Aus dem Internet gefischt
von Norbert Golluch

Eichborn.

Die Deutsche Bibliothek - CIP-Einheitsaufnahme
Männer-Witze aus dem Internet / Norbert Golluch. -
Frankfurt (Main) : Eichborn 1997
ISBN 3-8218-2429-8

© Vito von Eichborn GmbH & Co. Verlag KG,
Frankfurt am Main, Februar 1997.
Umschlaggestaltung: Christina Hucke unter Verwendung
einer Zeichnung von Rolf Kutschera
Layout: Esther Buberl
Gesamtproduktion: Fuldaer Verlagsanstalt GmbH, Fulda
ISBN 3-8218-2429-8

Verlagsverzeichnis schickt gern:
Eichborn Verlag, Kaiserstraße 66, 60329 Frankfurt am Main

Vorwort

Warum kriegen Männer keinen Rinderwahnsinn?
Weil alle Männer Schweine sind...
Männerwitze aus dem Internet kommen aus der (weiblichen?) Hüfte, kurz und trocken, oft neu und ungewohnt, punktgenau auf die Zwölf oder auf weitaus empfindlichere Körperteile gezielt. Was wir hier aus dem Netz gefischt haben, stellt einen wichtigen Teil des feministisch-digitalen Kulturlebens dar. Nicht, daß das komplette Netz auf der Seite der Frauen wäre. Wer mag, kann sich im Web problemlos an Blondinenwitzen begeiern (über 400 auf einer einzigen Seite!) oder Schweinewitze der untersten Kategorie pur genießen, wie man(n) sie kennt. »Das wiehernde Web« also? »Das versaute Digital-Stadl«? Nichtsda. Es gibt immer auch die Gegenseite. Das ist es ja gerade, was das Netz so interessant macht - es lebt noch kontrovers - im Gegensatz zu anderen Bereichen des öffentlichen Lebens, wo eingeschläferte Langeweile herrscht. Langweilig wird das Netz nie - und hoffentlich auch dieses Buch nicht. Und wenn es Witze gibt, über die Sie nicht (mehr) lachen können - zum Aufregen sind sie immer noch gut.

**Was sagt eine Feministin
im Restaurant?
»Herr Ober, eine Salzstreuerin bitte!«**

**Warum können Männer
keinen Rinderwahnsinn bekommen?
Weil alle Männer Schweine sind.**

**Der Strohwitwer zu seinen Kindern:
»Ich würde euch ja gerne ein Rumpsteak
machen, aber ich weiß nicht,
wo Mutti den Rum versteckt hat.«**

»Herr Doktor, mit mir ist etwas nicht in Ordnung!« beschwert sich der zweiundneunzigjährige Herr Grünlich beim Psychiater. »Ich laufe dauernd hinter jungen Mädchen her.« »Aber das ist doch ganz natürlich, Herr Grünlich«, beruhigt ihn der Arzt. »Nun ja - aber ich kann mich nicht erinnern, weswegen!«

»Du, deine Frau behauptet, du würdest ihr lauter schlaflose Nächte bereiten.« - **»Unsinn, ich bin doch kaum da!«**

SIE: »Liebling, im Büro haben meine Kollegen gesagt, daß ich ganz tolle Beine hätte!«
ER (brummelnd): »Ach ja, und von deinem fetten Arsch haben sie nicht gesprochen?«
SIE: »Nein, von dir war nicht die Rede.«

Kommt ein Mann zum Arzt und klagt, daß es in seiner Ehe sexuell nicht mehr so läuft! Daraufhin gibt ihm der Arzt ein Fläschchen, und sagt: »Geben Sie Ihrer Gattin zum Abendessen ein paar Tropfen in den Wein, dann bekommt sie schon wieder Lust!« Gesagt getan, die Frau bekommt ein paar Tropfen in ihr Glas.

Denkt sich der Mann: »Wenn das Zeug wirklich was taugt, sollte ich es auch probieren«, und nimmt einen Schluck!
Der Abend geht vorbei, die beiden gehen ins Bett… nichts passiert.
Plötzlich wacht sie mitten in der Nacht auf und meint: »Jetzt brauche ich einen Mann.«
Darauf wacht er auf und meint: »Ich auch!«

Was sagt ein Mann,
der bis über die Gürtellinie hinaus im Wasser steht?
»Das geht über meinen Verstand.«

**Was macht eine Frau morgens
mit ihrem Arsch?
Sie schmiert ihm ein paar Brote
und schickt ihn zur Arbeit.**

*Kind sitzt in der Badewanne,
Mutter kommt rein:
»Mama, wo ist denn der Waschlappen?«
»Ach, der ist nur mal kurz runter,
Zigaretten kaufen!«*

**Was versteht ein Mann unter
einem 7-gängigen Menü?
Einen Hot-Dog und einen Sixpack.**

Was sagte Gott,
nachdem er den Mann erschuf?
»Das kann ich auch besser machen.«

Wann gilt ein Mann heute schon
als Gentleman?
Wenn er beim Küssen die Zigarette
aus dem Mund nimmt.

**Warum geben Männer
ihrem Penis Namen?
Damit sie wissen, von wem
ihr ganzes Leben bestimmt wird.**

*Was hast du, wenn du zwei kleine Bälle
in deiner Hand hältst?
Die ungeteilte Aufmerksamkeit
eines Mannes.*

**How many men do you need
to screw a light bulb?
One! Men screw everything!**

Warum haben Männer Beine?
Damit sie nicht den ganzen Tag
Sackhüpfen müssen.

**Mann: Es ist doch immer wieder
erstaunlich, daß die hübschesten
Mädchen die größten Idioten heiraten.
Frau: Liebling. Das ist das schönste
Kompliment seit Jahren.**

Was hat ein Mann ohne Beine?
Eier aus Bodenhaltung!
Was hat er noch?
Erdnüsse!

Unterhalten sich zwei Frauen.
Meint die eine:
»In letzter Zeit habe ich immer
so Sprachschwierigkeiten.
Neulich wollte ich sagen
›Ich will Wein trinken‹. Statt dessen
sagte ich ›Ich will Tein wrinken.‹«
Darauf die andere:
»Ja, genau. Mir ging es neulich
ganz ähnlich. Beim Frühstück
wollte ich zu meinem Mann sagen,
›Gib mir bitte mal den Kaffee!‹
Statt dessen sagte ich zu ihm:
›Du hast mir das ganze
Leben versaut.‹«

Ein Mann soll operiert werden,
weil sein Penis bis auf die Erde hängt.
Der Chirurg ist sich nicht schlüssig,
ob er das Glied vorne, in der Mitte
oder hinten verkürzen soll.
Schließlich zieht er die Oberschwester
zu Rate. Diese überlegt und meint dann:
»Also, wenn Sie mich fragen - ich würde
ihm die Beine verlängern.«

»**Liebst du mich noch?**«
»**Klar, ich hab doch heute den ganzen
Abend nur mit dir getanzt!**«
»**Das ist doch kein Beweis!**«
»**Aber natürlich. Hast du dich
schon mal tanzen sehen?**«

Der Mann will ausgehen:
»Liebling, gehen wir jetzt
gemeinsam auf das Fest heute Abend?«
Sie: »Aber Schatz, ich habe doch
gar nichts anzuziehen!«
Der Mann geht an den Kleiderschrank,
öffnet ihn, und geht die Kleider durch:
»Wie, nichts anzuziehen? Hier ist
das gelbe, das rote, das lindgrüne,
guten Abend, Herr Meier,
das blaue...«

Das junge Ehepaar:
»Na, wie schmeckt dir denn
heute das Mittagessen?«
»Warum suchst du schon wieder Streit?«

Er klärt sie über seine
Lebensgewohnheiten auf:
»Morgens um sieben
ist das Frühstück fertig,
egal ob ich zu Hause bin
oder nicht. Klar?«
»Klar!«
»Mittags um halb eins
ist das Essen fertig,
egal ob ich zu Hause bin
oder nicht. Klar?«
»Klar!«
»Und um 19 Uhr
ist das Abendessen fertig,
egal ob ich zu Hause bin
oder nicht. Klar?«
»Klar! -
Und jetzt kommen

meine Prinzipien, Süßer!
Am Montag, am Mittwoch
und am Samstag wird gebumst,
egal ob du zu Hause bist
oder nicht, klar?«

Sie zu ihm am Morgen,
nach der Hochzeitsnacht:
»So, und jetzt stehst du auf und
kochst Kaffee, mal sehen, ob du
das wenigstens richtig machst.«

*»Die Polizei sucht einen
großen blonden Mann um die dreißig,
der Frauen belästigt.«
liest Frau Schröder ihrem Mann vor.
Er: »Meinst Du wirklich, daß das
der richtige Job für mich ist?«*

Nachts gegen halb eins.
Er rutscht zu ihr rüber und
flüstert zärtlich:
»Ach, wäre es schön,
wenn du jetzt geil wärest!«
Knurrt sie zurück: »Ach, wäre es geil,
wenn du schön wärest!«

Es gibt zwei große Enttäuschungen
im Leben eines Mannes:
Das erste Mal,
wenn es das zweitemal
nicht mehr klappt;
und das zweite Mal
wenn es das erstemal
nicht mehr klappt.

> Was haben Männer und
> Bierflaschen gemeinsam?
> Sie sind beide vom Hals
> aufwärts leer.

**Wieviele Männer braucht man, um eine
Rolle Toilettenpapier zu wechseln?
Das weiß man nicht - es ist noch nie
vorgekommen.**

> »Erzählst du allen Leuten,
> ich sei blöd?«
> »Warum, ist das ein Geheimnis?«

Auf einem akademischen Kongreß benutzen drei Herren eine öffentliche Toilette. Der erste Mann ist fertig, zieht den Reißverschluß hoch, schlendert zum Waschbecken und wäscht sich die Hände, wobei er viel Seife und Wasser benutzt und sehr gründlich vorgeht. »Auf der Universität Heidelberg habe ich gelernt, daß Sauberkeit äußerst wichtig ist!«

Der zweite Mann zieht sich den Reißverschluß hoch, marschiert zum Waschbecken und schrubbt seine Hände mit viel weniger Wasser und Seife als der erste. Als er seine Hände (mit nur einem Papierhandtuch) abtrocknete, teilt er ernsthaft und ohne jemand bestimmten anzusprechen, mit: »Auf der Universität Freiburg habe ich gelernt, sauber und hygienisch, mich aber auch sparsam und umweltbewußt zu verhalten.« Dann verläßt er aufrecht schreitend und zielbewußt die Toilette.

Der dritte Mann zieht den Reißverschluß hoch, geht gemächlich an den Waschbecken vorbei und murmelt: »Auf der Universität Bochum habe ich gelernt, mir nicht auf die Hände zu pinkeln.«

ER: »Schatzi, bin ich wirklich dein erster Mann?«
SIE: »Natürlich, ich verstehe gar nicht, weshalb alle Männer immer dasselbe fragen.«

Welchen Titel trägt das dünnste Buch der Welt?
»Was Männer über Frauen wissen«.

Ein Mann geht in die Stadt, um sich ein Huhn zu kaufen (lebendig)... Als er das erledigt hat, bekommt er auf einmal Lust, ins Kino zu gehen. Da er fürchtet, daß er mit dem Huhn nicht hineinkommt, stopft er es sich kurzerhand unter den Mantel. Der Film beginnt. Neben ihm beginnt eine ältere Frau mit ihrem Mann zu flüstern.

Frau: »Du Erwin, der Mann neben mir hat seinen Schwanz raushängen.«

Ehemann: »Ja, aber Erna, das ist doch nicht der erste Schwanz, den du in deinem Leben siehst.«

Frau: »Ja ich weiß, aber der hier frißt mein Popcorn!«

Die Königin begleitet den italienischen Botschafter in ihrer zünftigen, pferdegezogenen Kutsche, als eines der Pferde furzt. Die Königin ist außerordentlich verlegen und entschuldigt sich höflich beim italienischen Botschafter, woraufhin dieser sagt: »Oh. Das macht nichts, Eure Majestät. Ich dachte, es sei das Pferd gewesen.«

»Wenn wir erst verheiratet sind«, sagt Claudia zu ihrem Verlobten, »werden wir drei süße kleine Kinder haben, zwei blonde Jungs und ein braunhaariges Mädchen.«

»Woher weißt du das denn jetzt schon so genau?«
»Weil ich sie dann von meinen Eltern abhole!«

Ein Feuerwehrmann kommt von
der Arbeit nach Hause und ist völlig
aufgeregt. Er kann es nicht erwarten,
seiner Frau von dem neuen System,
das sie auf der Wache haben, zu erzählen.
»Schatz, Du wirst es nicht glauben!
Wir haben dieses neue System auf der
Wache und es ist großartig.
Wenn Kingel Nr. 1 geht, ziehen wir uns
alle nackt aus.
Wenn Klingel Nr. 2 geht, springen wir
alle ins Bett.
Wenn Klingel Nr. 3 geht, schrauben wir
unsere Hirne raus.«
»Machen wir einen Probelauf. Fertig?«
»Klingel Nr. 1!« (Sie ziehen sich aus.)
»Klingel Nr. 2!« (Sie springen ins Bett.)
»Klingel Nr. 3!« (Sie fangen an, ihre Gehirne

herauszuschrauben.)
Ein paar Minuten später fängt
die Frau an, zu schreien: »Oh Klingel Nr. 4!
Klingel Nr. 4!« Der Mann fragt verwirrt:
»Klingel Nr. 4? Was ist das?«
»Mehr Schlauch! Mehr Schlauch!
So kommst du niemals an das Feuer ran!«

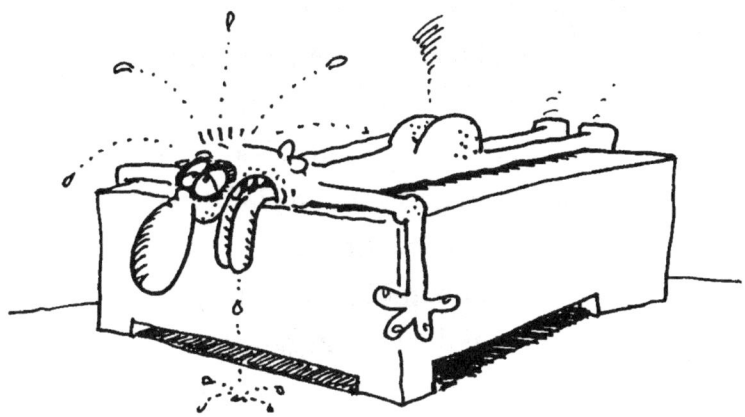

> **Was haben Männer und
> Parkplätze gemeinsam?
> Die guten sind immer schon weg.**

Am frühen Morgen geht ein Mann auf die Jagd. Im Wald angekommen, beginnt es zu regnen, der Wind frischt auf. Der Mann beschließt, sofort umzukehren. Er kommt nach Hause, zieht sich aus und legt sich wieder zu seiner Frau ins Bett. »Wie ist es draußen?« fragt seine Frau gähnend im Halbschlaf.
»Kalt, es regnet.«
»Und mein Mann, der Idiot, ist auf die Jagd gegangen.«

Ein Entenjäger hat eines Tages kein Glück. Er jagt den ganzen Morgen und hat nicht eine einzige getroffen. Auf dem Heimweg kommt er an einem Farmhaus vorbei und sieht einen ganzen Schwarm fetter Stockenten über den Hof fliegen. Er weiß: Das ist seine letzte Chance! So zielt er auf die, die am größten aussieht und schießt aus beiden Läufen. Die Ente stürzt vom Himmel und landet in der Mitte des Hofes. Als der Jäger sich dem Hof und der toten Ente nähert, kann er sehen, daß er eine wahre Schönheit erlegt hat. Aber als er nur noch einen halben Meter von der Ente entfernt ist, kommt der Bauer aus dem Stall, hebt die Ente auf und geht auf sein Haus zu. »Hey«, sagt der Jäger. »Geben Sie mir meine Ente zurück!« »Ihre Ente?« entgegnet der Bauer. » Sie lag auf meinem Hof. MEINE Ente!«

»Nein! Nein! Sie verstehen nicht. Ich habe sie geschossen und sie ist bloß hier runtergekommen. Es ist meine!« wettert der Jäger.
»Okay, Städter. Wir regeln das auf Bauernart.« sagt der Bauer. »Was ist das?« fragte der Jäger. »Wir schlagen uns gegenseitig so hart wir können, «sagte der Bauer. »Wer zuletzt noch steht, gewinnt die Ente... Und weil wir auf meinem Besitz sind, fange ich an.«
Jäger:» Ist mir recht.«
Der Bauer geht einen halben Schritt zurück und tritt den Jäger so fest wie menschenmöglich in die Eier. Der Jäger schreit 15 Minuten lang wie ein Tier. Er krümmt sich zu einem Ball zusammen, läuft in drei verschiedenen Rottönen an und stirbt fast. Der Bauer steht daneben und grinst. Nach einer vollen halben Stunde und mit einigen Schwierigkeiten

steht der Jäger auf und japst: »So, jetzt... bin ich dran.« Der Bauer antwortet:» Nö, ich gebe auf. Hier ist Ihre Ente.«

**Wie sortieren Männer ihre Wäsche?
Zwei Stapel: »Dreckig« und
»Dreckig, aber tragbar«.**

♦

**Nur ein Mann kauft ein Auto
für 500 Mark und
baut eine Stereoanlage
für 6000 Mark ein.**

♥

Wußten Sie schon,
daß es vier unterschiedliche
Arten von Orgasmen gibt?
1. Den positiven Orgasmus:
»Oh ja, ohh jaaah, OH JAAAHHH!«
2. Den negativen Orgasmus:
»Oh nein, ohh neein, OH NEEIINN!«
3. Den spirituellen Orgasmus:
»Oh Gott, ohh Goott, OH GOOTT!«
4. Den vorgetäuschten Orgasmus:
»Oh Klaus, ohh Klaus, OH KLAUS!«

♥

Woran kann man erkennen,
ob ein Mann
sexuell erregt ist?
Er atmet.

**Warum haben Männer
größere Gehirne als Hunde?
Damit sie auf Cocktail-Parties
nicht die Beine
der Frauen besteigen.**

*Was ist der Unterschied
zwischen Männern
und Staatsanleihen?
Staatsanleihen wachsen
mit der Zeit im Wert.*

Unterhalten sich zwei Frauen:
1: »Du, mein Alter wird immer geiler!«
2: »Ist doch prima.«
1: »Neulich, als ich mich über die Gefriertruhe beuge, streift er mir von hinten den Rock hoch, zieht mir den Slip runter, und - also wirklich!«
2: »Na und, macht meiner doch auch?«
1: »Okay, aber doch nicht mitten im ALDI!«

Was versteht ein Mann unter Hilfe im Haushalt? Seine Beine hochzuheben, damit man unter ihnen staubsaugen kann.

Mitten in der Nacht klingelt
der alte Lord Featherston-Smythe
nach seinem Butler.
Der kommt auch -
etwas schlaftrunken -
nach einer Weile in das
Schlafgemach seines Herrn:
»Mylord haben geläutet?«
»Ja, Archibald. Bin soeben
mit einem prächtigen Ständer
aufgewacht.«
»Sehr wohl, Mylord. Mylord wollen
dann sicher, daß ich Mylady wecke.«
»Good heavens, no!
Helfen Sie mir beim Anziehen,
ich will versuchen, ihn in die
Stadt zu schmuggeln.«

Wie nennt man einen Mann mit einem IQ von 50?
Beschenkt.

Ein Chef fragt seine Sekretärin:
»Was hat meine Frau gesagt,
als Sie ihr ausrichteten,
daß es heute später wird?«
»Sie hat nur gefragt:
Kann ich mich auf diese
Information verlassen?«

Hast du von dem Baby gehört,
das mit beiden Geschlechtsorganen
geboren wurde? Es hat einen Penis
UND ein Gehirn!

Ein Ehemann überrascht seine Frau mit
einem anderen Mann im Bett. Darauf er:
WAS MACHT IHR DENN DA? Seine
Frau: Hab Dir doch gesagt, daß er nicht
die geringste Ahnung hat!

Wieviel Männer braucht man,
um Popcorn zu machen?
Vier. Einen, um den Topf zu halten,
und drei Machos,
die den Ofen schütteln.

Was denkt ein Mann
über das Vorspiel?
Eine halbe Stunde betteln.

Warum ist ein Mann
wie ein Schneesturm?
Man weiß nie, wann er kommt,
wieviel Zentimeter er bringt und
wie lange es dauert.

Wie definieren Männer Arbeitsteilung?
Frauen kochen; sie essen.
Frauen machen sauber; sie machen Dreck.

Gerda hat sich einen Bodybuilder geangelt.
Die beiden sind gerade voll in Fahrt,
als der Ehemann überraschend
nach Hause kommt.
»Verflucht«, zischt der Muskelberg,
»wo ist der Hinterausgang?«
»Es gibt keinen!«
»Okay, wo möchtest du einen haben?«

Wie nennt man einen
intelligenten Mann in Amerika?
Einen Touristen.

Warum finden es Männer schwer,
Augenkontakt herzustellen?
Brüste haben keine Augen.

**Warum ist eine Psychotherapie
bei Männern viel kürzer
als bei Frauen?
Wenn es an der Zeit ist,
mental in die Kindheit
zurückzukehren,
sind Männer schon da.**

Warum mögen Männer
Masturbation?
Da haben sie Sex mit jemandem,
den sie lieben.

Der Ehemann kommt
früher als sonst nach Hause.
Aus dem Schlafzimmer kommen
verdächtige Geräusche.
Er nimmt seine Schrotflinte
und stößt die Schlafzimmertür auf.
Dort liegt der Hausarzt
auf seiner Frau.
»Äh, ich messe nur Fieber!
Ihrer Frau geht's nicht gut«,
versichert dieser.
Darauf der Ehemann:
»Na gut, dann zieh mal
dein Fieberthermometer
ganz vorsichtig heraus.
Und wenn da
keine Zahlen drauf sind,
bist du tot, Mann!«

> **Wie nimmt ein Mann
> ein Schaumbad?
> Er ißt Bohnen zum Abendessen.**

Ein Ire geht in eine Kneipe in Dublin, bestellt drei Pints Guiness, setzt sich in den hinteren Teil des Raumes und trinkt der Reihe nach aus jedem Glas einen Schluck.
Als die Gläser leer sind, geht er an die Theke und bestellt drei neue.
Der Wirt fragt ihn: »Wissen Sie, ein Guiness wird schnell schal, nachdem ich es gezapft habe. Es wäre besser, Sie würden immer nur eins trinken.«
Der Ire antwortet: »Es ist so, ich habe zwei

Brüder. Der eine ist in Amerika, der andere in Australien, und ich bin hier in Dublin. Als wir von zu Hause fortgegangen sind, haben wir uns versprochen, daß wir für die anderen immer eins mittrinken, im Gedenken an die Zeiten, als wir zusammen getrunken haben.«

Der Wirt sieht ein, daß das eine schöne Sitte ist und beläßt es dabei. Der Ire wird Stammgast in der Kneipe und trinkt immer auf dieselbe Art:

Er bestellt drei Pints Guiness und nimmt aus jedem der Reihe nach einen Schluck.

Eines Tages bestellt er jedoch
nur zwei Pints. Die anderen Stammgäste bemerken das und werden still.

Als der Ire zur Theke geht, um die zweite Runde zu bestellen, sagt der Wirt: »Ich möchte nicht aufdringlich sein, aber ich möchte Ihnen mein herzliches Beileid über Ihren großen Verlust ausdrükken.«

Der Ire ist einen Moment lang verwirrt, aber dann geht ihm ein Licht auf und er lacht. »Oh nein«, sagt er, »es geht allen gut. Ich habe nur auf ärztliches Anraten aufgehört zu trinken.«

Kommt ein Mann um Arzt und sagt:
»Herr Doktor, jedes Mal,
wenn ich in den Spiegel gucke,
kriege ich eine Erektion!«
Darauf der Arzt:
»Kein Wunder, Sie haben ja
ein Gesicht wie 'ne Pflaume!«

Als sich die frischgebackene Ehefrau bei ihrem Mann beschwert, daß er sexuell nicht die Leistungen ihres letzten Geliebten erreicht, prahlt der selbstsicher, daß auch er fünf Mal in einer Nacht könne. Er schleppt die Unzufriedene ins Schlafzimmer, besorgt es ihr zweimal hintereinander, um dann erschöpft ein Nickerchen einzulegen. Nach dem dritten Mal muß er wieder kurz ruhen, schafft knapp die vierte Nummer, entschlummert nochmals sanft, um dann nach dem fünften Mal endgültig einzuschlafen. Als er wieder aufwacht, ist es 11.15 Uhr. Kurz vor Mittag erscheint er an seinem Arbeitsplatz in der Fabrik, wo ihn sofort der Schichtleiter anfährt: »Wo warst du?« »Tut mir leid, ich bin spät dran…« will er sich entschuldigen, doch der

Schichtleiter wettert weiter: »Es ist mir egal, daß du heute spät dran bist! Wo warst du Montag, Dienstag und Mittwoch?«

> Eine alte Frau,
> die einen großen Sack schleppt,
> kommt in einen überfüllten Bus
> und sagt: » Vorsicht bitte, Jungs,
> stoßt die Eier nicht an.«
> »Es ist nicht sehr schlau,
> soviele Eier
> im Bus zu transportieren.«
> »Oh, ich habe keine Eier,
> es sind Nägel drin.«

»Sag mal, schreit deine Frau,
wenn sie kommt?«
»Ja, ziemlich laut sogar!«
»Meine nicht,
die hat einen Schlüssel!«

☺

Warum ist der Verkehr
mit einem Mann
wie eine Seifenoper?
Immer wenn es spannend wird,
ist Ende.

Kommt der Ehemann von der Jobsuche wieder heim: »Liebling ich hab 'ne neue Stellung, freust du dich?« »Du Schwein, hättest du dich man lieber um Arbeit gekümmert!«

Was ist der Unterschied zwischen einem neuen Ehemann und einem neuen Hund? Der Hund freut sich nach einem Jahr immer noch, wenn er dich sieht.

Ein Igel läuft im Wald spazieren und fällt in ein Loch. Ein Fuchs kommt vorbei. Der Igel ruft um Hilfe: »Hol mich raus!«
Der Fuchs hängt seinen Schwanz in das Loch und der Igel kann daran hochklettern.

Am nächsten Tag läuft der Igel wieder durch den Wald und fällt wieder in ein Loch. Diesmal kommt ein Häschen vorbei. Der Igel ruft wieder um Hilfe: »Hol mich raus!«
Häschen: »Klar, ich laufe schnell nach Hause, hole ein Seil und komme mit meinem Porsche.«
Was will uns diese Geschichte beweisen?
Wer einen langen Schwanz hat, braucht keinen Porsche!

**»Vati, was ist denn eigentlich
ein Vakuum?«
»…ich hab's im Kopf,
aber im Moment
fällt es mir nicht ein…«**

**Warum sind Blondinen-Witze
so kurz?
Damit die Männer sie sich
auch merken können.**

Ein Mann entdeckt auf dem Dachboden eine alte Lampe. Er reibt sie blank, und plötzlich erscheint ein Geist.

»Ich werde dir deinen größten Wunsch erfüllen«, sagt der Geist.

Der Mann denkt kurz nach, dann sagt er: »Ich wünsche mir einen besonderen Beruf, einen, in dem noch kein Mann es jemals zu etwas gebracht hat.« - »Simsalabim!« sagt der Geist. »Du bist eine Hausfrau!«

**Warum sind Ehemänner
wie Rasenmäher?
Sie sind schwer zu starten,
verbreiten reichlich Abgase
und funktionieren nicht,
wenn man sie braucht.**

Ich bin nicht gerne betrunken,
wenn meine Frau dabei ist.
Es ist ekelhaft,
wenn sie sich verdoppelt.

**»Meine Frau sagt ständig zu mir:
›Gib mir Geld, gib mir Geld!‹«
»Was tut sie mit all dem Geld?«
»Weiß nicht. Habe ihr nie
einen Pfennig gegeben.«**

Ein Professor und ein Student stehen zufällig nebeneinander auf der Toilette. Sagt der Student: »Es ist aber schön, daß wir hier mal nicht als Professor und Student, sondern als zwei Männer stehen.«

Antwortet der Professor: »Ja, aber wie ich sehe, haben sie diesmal wieder den Kürzeren gezogen.«

»In deinem Alter, Sohn,
war Napoleon der beste Schüler
seiner Klasse.«
»Und in deinem Alter, Papa,
war er der Herrscher
von Frankreich.«

Was bringt Männer dazu, Frauen zu jagen, obwohl sie nicht die Absicht haben, zu heiraten? Derselbe Drang, der auch Hunde dazu bringt, Autos zu jagen, obwohl sie nicht die Absicht haben, damit zu fahren.

SIE: Was laufen Sie eigentlich
die ganze Zeit hinter mir her?
ER: Jetzt, wo Sie sich umdrehen,
frage ich mich das auch…

**Warum haben Frauen
keinen Schwanz?
Weil sie ihr Gehirn
im Kopf haben!**

Zwei Angler unterhalten sich.
Angler 1: »Ich hab jetzt schon seit zwei Jahren keinen guten Fang mehr gehabt, so ein Mist!«
Angler 2: »Mensch, das ist doch ganz einfach. Du guckst früh unter die Decke und schaust,

wie ER liegt. Liegt er links, mußte am See angeln. Liegt er rechts, mußte am Fluß angeln.«

Eine Woche vergeht, die beiden treffen sich wieder. Fragt Angler 2: »Und, hat es funktioniert?« Angler 1: »Naja, also vorgestern lag er links, da war ich am See, aber so richtig viel war's nicht. Gestern lag er rechts, da war's schon besser. Aber heute, heute hab ich gar nichts gefangen.« Angler 2: »Wo lag er denn heute?« Angler 1: »Das ist es ja, heut stand er.« Angler 2: »Mensch, aber wenn er steht, dann geht man doch nicht ANGELN!«

**»Liebling, wenn du mich
noch einmal küßt,
gehöre ich dir für immer.«
»Danke für die Warnung, Schatz.«**

»Schatz, was gefällt Dir
an mir am meisten?
Mein perfekter Körper oder
mein schönes Gesicht?«
»Dein Sinn für Humor.«

**Und was ist der Unterschied
zwischen einem Tampon
und einem Handy?
Das Handy ist schnurlos
und für Arschlöcher.**

Ein Mann will zum Angeln.
Sagt seine Frau:
»Wenn Hecht zu teuer ist,
kauf' Scholle oder Karpfen.«

**Wie zeigt ein Mann,
daß er für die Zukunft vorsorgt?
Er kauft zwei Kisten Bier
statt einer.**

»Ich brauche eine gute Waffe,«
sagt eine Frau in einem Waffengeschäft.
»Brauchen Sie die zur Verteidigung,
gnädige Frau?«
»Nein. Zu meiner Verteidigung
brauche ich einen guten Anwalt.«

Kommt ein Ehepaar zum Eheberater, weil es in der Ehe nicht mehr so richtig klappt. Nach der Analyse des Problems meint der Berater: »Ich zeige ihnen nun einmal, was Ihre Frau braucht.« Sagt es und nimmt sich die Frau in allen möglichen Stellungen vor. Als er fertig ist, meint er: »So, das braucht Ihre Frau jeden Tag«. Der Ehemann überlegt: »In Ordnung, aber muß ich da jedesmal mitkommen?«

Drei Männer auf St. Pauli. Der erste geht mit 100 DM ins Bordell und erzählt später: sie legte mir eine Ananasscheibe um den Puller, knabberte sie langsam ab, das war super. Der Nächste geht mit 200 DM rein und erlebt dasselbe mit zwei Ananasscheiben. Mit 300 DM geht schließlich der letzte rein und verdreht beim erzählen die Augen: sie nahm drei Ananasscheiben, spritzte noch etwas Sahne darauf und garnierte alles mit einer Kirsche. ja, das sah dann so lecker aus, da habe ich es selber gegessen.

Patient kommt zum Arzt:
»Ich hab'n Anliegen…«
Arzt. »Na und, denken Sie,
meiner steht den ganzen Tag?«

Was ist das schlimmste daran, wenn jemand mit deiner Freundin fremdgeht? Daß ein Dritter weiß, womit du dich zufriedengibst.

Wer hat mehr Verstand: Männer oder Frauen? Frauen natürlich. Haben Sie schon mal eine Frau getroffen, die jemanden wegen seiner schönen Beine geheiratet hat?

Was ist eine Plage? Ein Mann, mit dem man lieber schläft, als ihm zu erklären, warum man es nicht lieber nicht tun würde.

»Heh, Sie! Das ist ein öffentliches Telefon. Sie blockieren es jetzt seit einer halben Stunde und haben nicht ein Wort gesagt!«
»Laß' mich in Ruhe, Kleiner - ich spreche mit meiner Frau.«

**Kann eine Frau ihren Mann
zum Millionär machen?
Ja, wenn er
Milliardär ist.**

*Warum töten
Schwarze Witwen die Männchen
nach der Paarung?
Um das Schnarchen zu stoppen,
bevor es begonnen hat.*

**Nie fährt ein Mann
vorbildlicher,
als wenn ein Streifenwagen
hinter ihm ist.**

»Maria! Ich wußte gar nicht, daß du rauchst. Wann hast du damit angefangen?«
»In der Nacht, als mein Mann zu früh nach Hause kam und den Zigarettenstummel im Aschenbecher gefunden hat.«

Es klingelt an der Tür. Da steht ein Nachbar auf der Schwelle, der einen Stift und ein Stück Papier in der Hand hält. »Möchten Sie gern an Gruppen-Sex teilnehmen?« fragt er den Mann, der die Tür öffnet.
»Und wer wird in dieser Gruppe sein?«
»Ich habe Sie, Ihre Frau und mich selbst auf der Liste.«
»Heh, was denken Sie sich? Natürlich werde ich nicht teilnehmen!«
»Na gut, dann streiche ich Sie.«

> **Ein gut angezogener Mann
> ist einer ohne Ehering.**
>
> **Warum mögen Männer
> die Liebe auf den ersten Blick?
> Sie erspart ihnen eine Menge Zeit.**

Woran kann man erkennen, daß Seifenopern vom ersten bis zum letzten Bild erfunden sind? Im echten Leben sind Männer außerhalb des Bettes nicht leidenschaftlich.

Wenn sich zwei Männer unterhalten, sprechen sie über sich selbst.
Wenn sich zwei Frauen unterhalten, sprechen sie über andere.

An einem zugefrorenen Teich steht ein kleiner Junge mit Schlittschuhen in der Hand und zeigt laut heulend auf ein Loch im Eis: »Meine Mutter! Meine Mutter ist da reingefallen!« Beherzt stürzt sich ein Mann ins eiskalte Wasser, taucht nach einiger Zeit wieder auf und schüttelt den Kopf. - »Meine Mutter! Meine Mutter«, jammert der Junge. Der Mann taucht noch einmal, noch länger, kommt mit letzter Kraft wieder hoch: »Ich kann deine Mutter nicht finden!« - »Mist!« sagt der kleine Junge. »Dann kann ich die alte Schraube auch wegwerfen!«

Er: »Wenn du endlich lerntest
treu zu sein, würden wir auch ohne den
Keuschheitsgürtel auskommen.«
Sie: »Wenn du endlich lernen würdest,
richtig zu ficken, würden wir auch
ohne den Gärtner auskommen.«

Ein Mann kommt in einen Sexshop
und sagt: »Eine Gummipuppe, bitte.«
»Aber Sie haben doch vor
zwei Wochen schon eine gekauft!«
»Ja, aber mit der habe ich Schluß gemacht!«

Richter: »Sie beleidigen die Würde des
Hohen Gerichts! Wieso erscheinen
Sie in Rock und Bluse?« Antwort:
»In der Vorladung stand doch:
›Verhandlung in Sachen Ihrer Frau!‹«

»Mein Freund ist wahnsinnig eifersüchtig«, sagt die bildhübsche Isabella. »Neulich schaute er in meinen Taschenkalender und wollte wissen, wer August ist!«

Auf der Party ist eng tanzen angesagt. Sagt der doofe Macho zu seiner Tanzpartnerin: »Du hast aber wenig Holz vor der Hütte!« Darauf antwortet sie schlagfertig: »Um dieses kleine Würstchen zu braten, wird es schon reichen!«

»Findest du den Witz nicht gut?« »Doch, doch. Als ich ihn zum ersten Mal gehört habe, bin ich fast aus dem Kinderwagen gekippt.«

»Was machen Sie, wenn Sie in einer lauen Sommernacht durch den Wald fahren und auf einem Baum eine nackte Frau sehen?«
»Die Scheinwerfer neu einstellen!«

Frau Neureich ziemlich pikiert zum jungen Mann aus Bayern, der ihr als zukünftiger Schwiegersohn präsentiert wird: »Eine Frage hätte ich schon: Haben Sie denn auch Ahnen?«
Stolz wirft sich der kräftige Bayernbursche in die Brust:
»Jo freili hob i Aanen!
Und woas fo Aanen!«